AF611804

RÉFLEXIONS CRITIQUES

SUR LA SÉANCE

DE LA CHAMBRE DES DÉPUTÉS

DU 6 DÉCEMBRE 1819.

IMPRIMERIE DE MADAME JEUNEHOMME-CRÉMIÈRE,
RUE HAUTEFEUILLE, N° 20.

RÉFLEXIONS CRITIQUES

SUR LA SÉANCE

DE LA CHAMBRE DES DÉPUTÉS

DU 6 DÉCEMBRE 1819.

Objections relatives aux Discours, aux Discussions qui ont eu lieu au sujet de l'admission ou non admission d'un député élu, et dont le cas, se rattachant à une question d'intérêt général, prouve que le crime de régicide est réputé crime irrémissible;

PAR BOUCHER DE COURSON,

Chevalier de Saint-Louis, Colonel de Gendarmerie royale.

> Le crime de lèse-majesté est comme une Libye déserte pleine de monstres, il souffre au jugement des considérations fort éloignées.
>
> J. BOULAIN, Art. *Crime Anthologie française.*

PARIS,

PÉLICIER, libraire, au Palais-Royal, galerie de pierre;
DENTU, libraire, galerie de bois;
PETIT, libraire, galerie de bois.

1820

AVERTISSEMENT NÉCESSAIRE.

LECTEUR ne considérez pas, je vous prie, cet écrit comme ouvrage de littérature, le style en est défectueux, il s'y rencontre des mots puisés dans notre ancien idiome, il s'y trouve des termes de nouveau néologisme, les uns ont été effacés de nos dictionnaires, les autres n'y ont pas encore pris place. A ces défauts, ajoutez encore que les longueurs de phrases nuisent à cette clarté, à cette concision d'idées si nécessaires pour aider à être compris. Je n'en suis pas à reconnaître que j'aurais dû m'occuper du soin de corriger, autant que possible, ces différens vices, mais je l'ai négligé.

Mon dessein principal étant de ramener l'attention sur un objet et des questions qui même ayant déterminé beaucoup d'intérêts ne sont déjà plus aussi présentes à la pensée, j'ai craint le retard, et j'ai préféré me hasarder à encourir le blâme d'être réputé mauvais écrivain, que de m'exposer à ne pas remplir le but que je me suis proposé.

Je me livre à l'espoir qu'à la lecture on pourra sentir que lorsqu'il faut discuter sur des mots, on est contraint parfois à employer des expressions vagues, à s'abandonner à des longueurs.

Je garantis toutes les citations rapportées, elles peuvent être tenues pour exactes, je passe condamnation sur l'ensemble de la composition, je ne réclame que pour l'intention, et sous ce rapport, je me soumets avec sécurité au jugement des français de tous les partis qui se font une loi dans leurs décisions de se rendre à l'évidence et de prononcer avec impartialité sur des faits reconnus vrais.

RÉFLEXIONS CRITIQUES

SUR LA SÉANCE

DE LA CHAMBRE DES DÉPUTÉS

DU 6 DÉCEMBRE 1819.

Il est bien possible sans doute de tenir à sa résolution de paraître indifférent aux erreurs, aux abnégations de principes, parfois énoncées, proclamées, lors des différentes discussions qui s'élèvent dans le sein de la chambre de nos représentans; mais lorsque ces erreurs, ces abnégations de principes, se trouvent être manifestées relativement à une question qui intéresse l'honneur national, qui peut-être réputée faire partie du droit des gens, continuer à se renfermer dans une telle résolution, ne pas élever la voix, ne pas mettre tous les français, je dirai même tous les peuples, dans le cas de reconnaître le faible de ce qui a été dit, le faux de ce qui a été soutenu, le dangereux de ce qui a été avancé; ce serait se rendre coupable, et envers son pays, et envers les nations civilisées.

Déjà l'événement et tout ce qui s'y rattache,

appartiennent à l'histoire, ainsi la critique peut être établie sur les choses, sur les faits, sur les dire, sans que l'on puisse soupçonner, au moins raisonnablement, qu'il y ait intention de l'exercer contre les personnes.

Voilà ma pensée, j'entre en matière:

Quel génie s'était donc introduit dans l'enceinte de ce monument, où plane l'ombre du plus infortuné de nos rois? A quel point ce génie a-t-il donc éteint tout sentiment de devoirs dans l'âme des français qui ont le droit d'y prendre place. Eh quoi! c'est lorsqu'il s'est agi de prononcer sur une proposition de religion, de morale, de pacte social, que des députés, des mandataires ont pu, par leurs discords si indécemment orageux, prouver qu'en vain la raison voudrait fixer des bornes à cet égarement dont se montre parfois susceptible l'esprit humain. Malheur à ces hommes! déjà la muse de notre histoire a saisi ses burins, déjà elle a gravé leurs noms sur ses feuillets d'airain, pour rappeler les uns à l'animadversion de nos neveux, pour signaler les autres au ressentiment de la postérité.

Si, au lieu de se livrer à ce tumulte accru de tant de vociférations, nos représentans se fussent recueillis dans un profond silence si religieusement nécessaire, lorsque l'on veut se pénétrer d'un important sujet; sans doute, ils auraient entendu la voix plaintive du monarque martyr, leur soupirer ces mots : « Effacez par un acte de « justice, ces gouttes de mon sang dont les mar- « bres de ce temple sont encore empreints, la « clémence a pu, par des considérations de « haute sagesse, épargner de grands coupables ; « mais des législateurs français ne doivent point « délibérer pour repousser le criminel du sanc- « tuaire des lois. Avant de quitter la terre, j'ai « recommandé le pardon de ceux qui se sont « montrés avides de ma tête, qu'avait ceinte le « diadême ; du haut des cieux, je vous le de- « mande, accablez du poids de l'indignation « nationale les régicides, je le réclame de vous, « pour le bonheur des peuples. »

J'avance que la question qui a fait l'objet d'une discussion tumultueuse dans la séance du 6 décembre, se rattache au droit des gens; d'après ce, il devient tout naturel, sans doute, que je ne m'arrête pas à démontrer si le quatrième député de l'Isère, soit par vice de son élection, ou pour cause de l'action dont il est reconnu s'être rendu coupable, pouvait être admis ou devait être rejeté du sein de l'assemblée ; mon intention est de prouver qu'aucun régicide ne doit être appelé à aucune fonction ; que si, par l'effet d'une clémence toute royale, il est laissé libre à ses remords, abandonné à soi-même, par le vouloir des lois immuables, il est de droit réputé mort pour l'intérêt des nations.

Des exemples puisés dans l'histoire sacrée, des citations rapportées d'après les codes de nos lois, des preuves appuyées sur des jugemens intervenus dans des cas plus ou moins semblables, dans des circonstances qui offrent plus ou moins d'analogie avec celles qui ont motivé les discussions, prouveront, je l'espère, de la manière la plus évidente, ce que j'ai la prétention de soutenir.

Plusieurs assertions ont été avancées en traitant la question; on a rattaché des faits particuliers à un objet d'intérêt général, et les orateurs qui sont entrés diversement dans la proposition, l'ont envisagée plutôt d'après leur opinion personnelle, que d'après la lettre ou l'esprit des lois. C'est par suite de telles allégations que les discours prononcés dans cette circonstance, doivent être reconnus susceptibles d'une sévère et juste critique.

L'analyse de ces discours si nécessaire pour faire mieux sentir leur défectuosité, sera indiquée par la citation de leurs divers passages ; ces passages fournissent en quelque sorte le texte qui fonde le développement des objections.

Parmi ces discours, il en est dont la critique ne servirait point au sujet que je veux traiter. Je m'abstiendrai donc d'en occuper le lecteur; me bornant à faire connaître le genre de réflexions qu'ils m'ont inspirées, que je pense qu'ils peuvent déterminer, je dirai, pour me montrer aussi pénétré de l'objet, prenez garde! *sub herba latet anguis.*

D'après quelle législation a-t-on pu, je le demande, embrasser un point de forme, pour se saisir d'un point de droit? D'après quel principe former la question préalable d'une inconséquence, et n'adopter que comme question secondaire, la poursuite d'une action que les lois, que nos lois religieuses, civiles, politiques, qualifient de crime, du crime de lèse-nation divine et humaine au premier chef? Comment des ministres qui sont les premiers organes de tous pouvoirs, qui se disent seuls idoines à connaître de ce qui doit être ou n'être pas, ont-ils pu souffrir le conflit de telles incohérences? comment des hommes d'état, des magistrats, des jurisconsultes, ont-ils pu laisser présenter ensemble et se lier en quelque sorte les deux propositions, réunir leurs incidens, de manière que pour résultat de tant de longues discussions, la décision prononcée est si peu cathégorique, que pour le bon sens, elle ne résout de fait aucune des deux questions, et qu'il est impossible d'y discerner autre chose, sinon qu'elle les annule l'une par l'autre.

Serait-elle donc d'une vérité irrécusable,

cette sentence d'un ancien : « Ne peut plus être « que tiède, le cœur qui s'est par trop livré à « des enchaînemens contradictoires ? »

Osons le dire, et forçons à l'avouer; oui, dans cette circonstance remarquable, la tribune de la chambre des représentans est devenue plus d'une fois la banc de l'éloquence; mais, quoique long-temps occupée par les orateurs qui s'y sont succédés, elle n'a pas été un seul moment le banc des vrais défenseurs du droit des rois; personne ne pourra dire l'avoir vue ébranlée de ce mouvement noblement extrême que peut inspirer le désir de se montrer serviteur du prince, et soutien de l'honneur et de la patrie.

On pourrait réfuter tous les différens discours qui y ont été prononcés, par ce passage de la harangue de Rely, portant la parole devant le roi Charles VIII, de la part des états assemblés à Tours : « Sire...... les divisions viennent pour « l'instabilité, mauvaiseté et déloyauté du « peuple, comme en Angleterre; ils ont sou- « vent mis à mort leurs rois, ce que ne fit jamais « le bon et loyal peuple de France. »

Ce peu de mots consacre, établit le principe, et l'on peut en tirer la conséquence honorable pour nos aïeux, que si, à cette époque, il eût été possible qu'un régicide se fût présenté pour prendre place sur les bancs civiques des états, assurément, sans s'occuper à reconnaître si son élection pouvait être déclarée plus ou moins vicieuse, l'assemblée entière l'eût spontanément déclaré anathème, indigne d'entrer dans le temple.

PREMIÈRE OBJECTION.

Le premier mouvement moral qui met à même de juger que des hommes vivans, réunis sur un même point, sont susceptibles de passer de l'état de nature à celui de civilisation, se manifeste, lorsqu'on les voit appuyer, par un élan unanime de raison, les bases de leur pacte social, sur les lois divines, sur ces lois, monument dont tout mortel doit apprécier la force et discerner la durée impérissable. C'est d'après l'effet de ce développement de l'intelligence humaine, que les philosophes de l'antiquité, de toutes les nations, tels que Socrate, Pythagore, Appollonius et autres, se sont rencontrés être d'accord avec les législateurs chrétiens, pour recommander de commencer toutes œuvres avec Dieu.

Si ce précepte est reconnu d'éternelle vérité, il faut en tirer la conséquence que les peuples qui secouent le joug des lois divines, et dont l'esprit public, dans son égarement, peut en vouloir annihiler les sentences, se montrent bien rapprochés du moment où ils seront amenés à sortir de cet état de civilisation.

Les nations ont, ainsi que les humains, leur moment de formation, leur durée et leur fin, la seule différence que l'on puisse remarquer peut-être, c'est qu'il est plus dans le pouvoir des peuples que dans celui des mortels, de reculer ou rapprocher le terme de leur existence.

Quel sort est donc réservé à la nation française? Quoi! ce sont les législateurs de ce peuple chrétien, d'un peuple pour qui la religion catholique est la religion de l'état, d'un peuple parmi lequel la croyance évangélique est admise à jouir de tous les droits civils; ce sont (faisons-nous un devoir de le dire) les législateurs de cette nation qui ont pu traiter une question de régicide, de régicide commis sur un roi de France, sans dire que ce crime est plus qu'un crime, plus qu'un forfait, mais bien un horrible sacrilége, parce que son action a été de porter la main sur l'élu de Dieu, sur le chef sacré, sur l'oint du Seigneur.

Ignorent-ils donc, ces législateurs, ou ont-ils feint d'ignorer cette sentence tirée du livre des rois : *Quis enim extendet manum in Christum Domini et in regum unctum consecratum et benedictum à Domino*, etc.?

Pourquoi, pour prouver que le coupable

laissé à l'existence, était déclaré indigne par Dieu même, n'avoir pas rapporté ce trait de la vie de David : Ce roi, successeur de Saül, condamna à périr, quoiqu'il ne fût point du royaume d'Israël, mais étranger d'Amaleck, le jeune homme qui, lui apportant les nouvelles de la mort de Saül, lui présenta le timbre, la couronne, le manteau de ce roi, pour le certifier de ces nouvelles. David le fit incontinent mettre à mort, parce qu'il avait osé porter la main sur un roi, sur l'oint du Seigneur.

A ces citations tirées de l'histoire sacrée, j'ajouterai ce passage d'une décision émanée de cet homme à qui l'être suprême a laissé porter, durant sa carrière bornée, le titre de réformateur religieux. Luther, dans ses avis aux peuples qui l'avaient consulté, après avoir avancé : Mon office est d'instituer les esprits des hommes aux choses sacrées, ajoute : « Certes, je vous con-
« seillerai franchement et rondement, comme
« je dois ; c'est à vous d'y appliquer votre en-
« tendement, et d'écouter celui qui vous ad-
« moneste en droiture et équité. Il ne me
« chaut, si quelques-uns viennent à me mau-
« dire et injurier, et me suffit, si je puis sauver
« aucun de la vengeance divine ! Vous donc,
« en ce que corrompez le droict fiché aux
« esprits et commun à chacun, êtes plus per-

« vers que les nations profanes, tant s'en faut « que soyez dignes du nom de chrétiens, que « usurpant, vous faites injure au nom de Dieu, « et n'êtes dignes d'être appelés Turcs, à raison « du droict de nature violé par vous. » Il prononça ensuite : « Car celui n'abuse point, « qui a dit que ceux-là périront du glaive, qui « usurpent le glaive, de leur autorité; c'est-à- « dire, qui, par une audace, s'attribuent la « puissance de correction, nonobstant que Paul « commande que tous obéissent généralement « aux magistrats, en crainte et révérence. Que « répondrez-vous à ceci, vous qui feignez de « vouloir suivre les lois de Dieu, et cependant « prenez le glaive et résistez aux magistrats « ordonnés de Dieu? N'est-ce pas prendre le « nom de Dieu en vain, davantage, non seule- « ment les lois, ains aussi le droict et équité de « nature, imprimés en nos entendemens, mon- « trent qu'il n'est permis à homme vivant être « juge et partie. »

Pour tout homme qui sent que les pensées naissent de l'ame, l'explication des lois divines par la théologie raisonnée et positive, laisse moins de doutes, que les démonstrations de la physique qui développent les lois de la nature. Les décisions des ministres de toutes les religions, affirment plus irrévocablement que les rois sont l'image de Dieu sur la terre, que les théorêmes des professeurs de cosmognie, n'aident à démontrer que l'astre du jour, émanation vivifiante du créateur, demeure fixe au centre des mondes qu'il éclaire.

Si le jugement a été amené depuis long-temps à reconnaître que ces hautes assertions sont irrécusables, comment peut-il se faire que dans une assemblée de législateurs, des voix aient été élevées pour proférer cette demande, quelle est la loi qui le repousse (le régicide)? Comment, au lieu de ces phrases, *honneur à la législation qui avait assez respecté les Français*, etc., l'orateur, portant la parole pour prouver l'indignité, n'a-t-il pas prononcé : La loi divine déclare anathême, celui qui osera agir contre l'oint du Seigneur. Ne saurait-il pas pourquoi l'esprit de Dieu s'est retiré de Saül; de plus, ne pouvait-il pas, se bornant même à rappeler notre histoire de différentes époques, y puiser la tradition de jugemens portés par l'assemblée des états, de décisions prononcées par les papes, les conciles, les synodes nationaux, contre des Français réputés avoir fait outrage à l'oint du Seigneur, reconnus coupables envers leur roi, sans toutefois cependant pouvoir être déclarés sacriléges du parricide. Comment, dans le temple des lois, au lieu de se montrer dans la cause, éminemment fort des principes religieux, a-t-il pu se borner à raisonner par analogie, présenter des métaphores établies sur les mots, *raison*, *justice*, mots dans lesquels il a voulu trouver une connexion avec ce sentiment qu'en France, nous nommons l'honneur! Comment a-t-il pu embrasser une telle paradoxale sublimité d'idée! Mais la raison, ce n'est qu'une faculté intellectuelle, l'action continue de l'être moral vers l'esprit de toutes les lois; la justice ne fut jamais que la fin de la loi; l'honneur, c'est le procédé de toutes les vertus. Jamais les sages, les philosophes, les publicistes n'ont donné d'autre définition à ces mots; ils ont reconnu l'empire de la raison, le frein de la justice, les principes de l'honneur; mais jamais ils n'ont avancé qu'ils pussent remplacer, ou être des lois : cela est à tel point vrai, que l'on ne pourrait condamner un homme qui aurait prévariqué aux règles de l'honneur, sans lui donner connaissance de la loi écrite à laquelle il aurait fait infraction.

Lorsque le temps qui, dans sa course, annulle même les siècles, nous aura précipités dans cette urne où déjà tant de nations sont confondues, lorsque nous ne serons plus connus des peuples que par l'histoire, ceux qui liront les fastes de nos actions, s'ils veulent, par de profondes réflexions, se rattacher à cet événement dont nos législateurs se sont occupés, ne seront-ils pas autorisés à se demander, mais quelle religion avaient donc alors les Français? qui pourrait le décider..... Mais continuons l'examen; sous d'autres rapports, on peut établir d'autres objections.

DEUXIEME OBJECTION.

Il était bien permis, sans doute, dans cette circonstance, sinon pour poursuivre le crime, au moins dans le louable dessein de se prononcer le redoutable antagoniste d'un coupable, de se créer un appui des lois humaines, des lois du royaume, des édits, des ordonnances de nos rois, monumens indestructibles sur lesquels s'appuie notre jurisprudence, et qui autoriseront toujours l'action de revendiquer la cause de l'honneur national. Si, pour une telle cause, il était possible qu'il y eût différence entre les nouvelles lois et les anciennes, cette différence ne pourrait porter que sur la forme à employer pour intenter action, et jamais sur le fond de la question.

Je me crois obligé de rappeler ici un principe, qui cependant, je le pense, est généralement bien connu.

Par rapport aux lois, il est constant que le silence ne les abroge pas, il faut, pour que l'action d'une loi cesse, que le législateur de droit prononce sa volonté de fait.

Sans doute, il suffit, pour le sujet que je traite, qu'il demeure reconnu que ce principe est incontestable.

En France, d'après les lois du royaume, un coupable du crime de lèse-majesté au premier chef, ne peut espérer grâce, lors même que la clémence royale lui fait don de la vie, en lui accordant son pardon. « Ces particuliers restent « abominables, dit l'auteur du Traité des crimes « de lèse-majesté. »

C'est d'après ces lois que l'on établit pour le crime, une différence entre le séditieux et le factieux. Le séditieux est celui qui agit dans le dessein de s'opposer à l'action, à la volonté du souverain; ce qui se définit, conspirer contre l'état. Le factieux est celui dont l'intention est d'attenter à la personne sacrée du roi; ce qui est qualifié parricide. Les connétables de Nesle de Saint-Paul furent des séditieux; les Guises étaient des factieux.

On a vu, lors des différentes tenues d'états ou d'assemblées, ces deux caractères distincts dans leur intention, se rapprocher pour des combinaisons tendantes aux mêmes fins; mais les événemens, les circonstances, même les accidens qu'ils ont déterminés, ont toujours mis à portée de remarquer, et fourni moyen de reconnaître la monstrueuse différence de pensées, de vues des uns, comparativement aux autres.

Pour mieux faire sentir encore la différence que l'on peut établir entre un factieux, un séditieux, et prouver en même temps que la clémence peut épargner l'un sans être étendue jusqu'à l'autre, je me fais un devoir de rapporter ici une lettre adressée par Henri IV, lorsqu'il n'était encore que roi de Navarre, aux trois états de France. Elle est du 4 mars 1589. J'en transcris un des passages les plus marquans.

« Mais quand Dieu bénira les desseins de notre « roi, et qu'il viendra à bout de tous les mutins « de son royaume, il est misérable s'il faut qu'il « les fasse tous punir comme ils le méritent. « Quoi! punir une grande partie de ses villes! « une grande partie de ses sujets! ce serait trop. « C'est un malheur, c'est une rage que Dieu a « envoyée en ce royaume, pour nous punir de « nos fautes; il le faut oublier : il le faut par- « donner; et ne savoir non plus mauvais gré à « nos peuples, à nos villes, qu'à un furieux « quand il frappe, qu'à un insensé quand il se « promène tout nu. Soit au contraire, si ceux « de la ligue se fortifient tellement qu'ils lui ré- « sistent, comme certes, il y a apparence; (et « j'ai peur que sa patience soit leur principale « force, Dieu voulant peut-être exercer sur « nous des jugemens que nous ne savons pas) « que ce sera de nous et de lui? que dirons- « nous des Français? quelle honte, que nous

« ayons chassé nos rois! tache qui ne souilla « jamais la robe de nos pères, et le seul avan« tage que nous avons sur tous les vassaux de « la chrétienté. »

Ces déclarations, ces avis de notre grand roi, suffisent pour lever tous les doutes, ils prouvent que les Français ne peuvent admettre de la grande famille, celui qui a pu oser vouloir verser sur la génération contemporaine, cette tache qui ne souilla jamais la robe de nos pères; ils expliquent pourquoi, lorsque Henri IV parvint à la couronne de France, le premier serment que lui jurèrent les princes, les pairs de France, les gentilshommes et autres personnes, fut qu'ils lui seraient fidèles, favorables, « et particuliè« rement de venger la mort du défunt roi. » Ce serment fut donné et reçu; cependant Henri IV avait prononcé précédemment : « Il faut tout « oublier, il faut tout pardonner. » Mais nos pères sentaient, ils savaient que tout Français qui a participé à la mort de son roi, que tout factieux coupable ou complice du crime de lèse-majesté au premier chef, est toujours et doit être pour tous l'homme abominable; ils découvraient dans ceux qui conduisirent le bras de Jacques Clément, de grands, criminels comme nous aurions pu, comme nous devrions en reconnaître dans Robespierre et ses complices.

Pourquoi, dans cette circonstance, n'a-t-on

pas fait mention à la tribune de ce trait de notre histoire? Cependant, il faut l'avouer, il présente réellement deux moyens, qu'il aurait suffi sans doute de forcer à apercevoir, pour amener la chambre à clore la discussion, pour la déterminer à prendre une décision réparable, pour ne pas laisser subsister la fluctuation des opinions, seul résultat positif qui ait été obtenu, et dont chaque jour, depuis, on est à même de juger les effets.

Je le demande, qui pourrait se refuser à reconnaître que la lettre de Henri IV prescrit formellement le jugement à porter contre ces factieux qui se sont déclarés tels par leurs faits. Peut-on ne pas demeurer convaincu que ce serment prêté au successeur de Henri III, même lorsqu'il n'était pas encore sacré, ne fut que la conséquence de l'esprit de la loi du royaume, de cette loi réputée imprescriptible, et dont l'action est de droit continuelle dans notre système de gouvernement, considéré comme monarchie; parce que le crime de lèse-majesté au premier chef est l'attentat de parricide, et la violation manifeste de la loi naturelle.

On s'est borné à tirer parti de la résolution prise en 1814, par un conventionnel qui, se jugeant soi-même, se reconnut indigne de participer à la confection des lois qui devaient servir à l'affermissement de la royauté légitime. Mais, prouver qu'un homme s'est déclaré être en proie aux remords, ce n'est pas présenter un moyen de jugement contre un coupable, si la loi veut impérieusement qu'il soit prononcé formellement contre le criminel, c'est que le législateur a reconnu que l'exemple du repentir est presque toujours impuissant contre celui qui se peut montrer hardi de toutes les ressources de son ame noire.

TROISIÈME OBJECTION.

En observant avec attention le système de conduite générale, et même les actions privées de la génération existante, on est en quelque sorte forcé à reconnaître qu'un des fruits de la révolution a été de changer ces idées, ces principes, que l'exemple de nos pères, que les leçons de nos aïeux avaient en quelque sorte rendues habituelles pour les Français.

On est de plus en plus pénétré de cette conviction, lorsqu'on est amené à faire la remarque que pour donner un certain poids à une opinion dangereuse par ses conséquences, des hommes se montrent si imperturbablement osés que de changer l'étimologie des mots, d'en dénaturer le sens. Un orateur n'a pas fait difficulté d'avancer que le crime de régicide, même avoué, et admettant toutefois dans quelle circonstance il aurait été commis, devait être considéré comme non reconnu, parce qu'une déclaration souveraine a prononcé qu'il ne serait pas recherché.

Heureusement ce paralogisme est si manifeste, que par son propre exposé il combat le raisonnement; et, par suite, il ne peut être d'un effet positif.

Mais, puisque le dessein de ces objections est de démontrer le faux des argumens, de même que l'erreur des principes, il est d'absolue nécessité d'attaquer l'assertion.

L'opinion avancée paraît appuyée sur l'énoncé et le dispositif de l'article 11 de la Charte.

Mais, que dit cet article? Pour le prouver, il faut d'abord le rapporter textuellement.

« Toutes recherches des opinions et votes « émis jusqu'à la restauration sont interdites. Le « même oubli est recommandé aux tribunaux, « aux citoyens. »

Cet énoncé est précis, il est concluant dans sa fin; son intention est exprimée par chaque mot; l'esprit de cet article indique que toute action de poursuite est interdite à tous pour cause d'opinion ou de vote. La vindicte publique est assujettie à ne pas réclamer la punition, de même que le ressentiment particulier est contraint à garder le silence.

Mais à quel point ne faut-il pas dénaturer le sens des mots, pour découvrir dans le mot *vote*, dont l'étymologie est *vœu émis*, cette acception matérielle que l'on doit donner à l'adhésion prononcée par le crime, adhésion qui prouve, détermine, établit la culpabilité, comme la complicité. La fallace de l'équivocation est si évidente, si manifeste, que sous tous ces rapports elle est réellement répréhensible. L'induction immédiate des expressions, *opinion*, *votes émis*, ne peut être considérée que relativement à l'assentiment donné à des opinions diverses, mais ayant seulement trait à des questions de droit public, ou déterminées par la force des circonstances.

Le mot *voter*, pris dans son sens vrai, exprime l'action d'énoncer son opinion pour une décision à porter d'après la lettre ou l'esprit d'une loi; d'après une ordonnance, un réglement, même une simple proposition, mais légale au fond comme dans ses rapports.

Lors de l'arrêt rendu par le parlement de Paris, qui condamna au bannissement les coupables qui furent reconnus avoir pris part, ou par des conseils donnés ou des moyens de suggestion, à l'assassinat de Henri IV, commis par Jean Chastel, les magistrats qui opinèrent, peuvent être réputés avoir *voté* pour la peine à infliger; mais assurément personne ne pourrait avancer ou soutenir avec raison que ces hommes, qui furent convaincus d'avoir participé au parricide, avaient simplement *voté* la mort du roi.

A la vérité, on peut prononcer qu'il existe une différence réelle entre ces régicides et ceux que, de notre temps, l'opinion publique poursuit. Mais cette différence consiste uniquement en ce que les régicides de Henri IV, ourdirent leur complot dans les ténèbres, et que ceux de 1793 ont osé prendre l'astre du jour à témoin, lorsqu'ils ont été assez sacriléges pour proclamer le forfait, après en avoir combiné les trames: on peut aussi dire qu'ils furent en plus grand nombre.

On trouve dans le procès de Charles Ier une particularité qui explique aussi très-clairement la différence du *vote*, à l'adhésion criminelle; ceux qui condamnèrent ce roi malheureux, sont réputés avoir adhéré dans la cause, mais non *voté* dans la cause. *Se non juris dandi, sed dicendi causa adesse.* J'en fais la question aux membres actuels du parlement d'Angleterre, pour lequel de ces honorables pourrait-il demeurer constant, que les meurtriers de Charles Ier, que ceux qui se prononcèrent pour la mort de leur monarque peuvent être déclarés avoir simplement émis un *vote*.

L'orateur s'est encore appuyé, pour mieux soutenir son système, sur ce que le même article de la charte, contient ces mots : *ne seront pas recherchés*.

Si l'auteur du discours se fût seulement donné la peine de consulter un Dictionnaire de jurisprudence, il aurait reconnut que le moyen qu'il n'a pas craint d'employer, devait tourner à sa confusion. Il se serait convaincu que l'expression de la loi ne peut être, *rechercher le crime*, mais bien *le poursuivre. Sequitur pede claudo ;* seulement on dit, rechercher la vie, les actions d'un prévenu.

On puise dans notre histoire un moyen de reconnaître la substance de l'expression. Louis XIV a rendu des édits qui portent : « Les financiers « seront recherchés rapport à leurs comp- « tes, » etc. Louis XIV, lors de son sacre, a fait le serment, de *poursuivre* le duel.

Il est facile de le prouver : cet article de la charte, n'est pas une conséquence née de l'impulsion de la clémence royale, considéré d'après la lettre, d'après l'esprit, il est la proposition, le développement d'une mesure de haute sagesse, comme de profonde politique. On peut de plus le considérer comme confirmatif de décisions prononcées par nos rois, dans des cas à peu près semblables.

Ces mêmes dispositions se retrouvent dans les édits de pacification donnés à la suite de troubles, de guerres civiles, de dissentions politiques, source d'événemens, dont il serait toujours par trop dangereux de ne pas recommander l'oubli à tous les citoyens, et de laisser à ceux qui se seraient montré les plus opposés au système d'ordre, la crainte d'un ressentiment juridique.

Le chancelier de l'Hospital, tenant la parole aux états de Rouen, après que le roi Charles IX eut annoncé « son vouloir être, que tous ses su-

« jets puissent vivre tous sous son obéissance, en « paix, repos et sûreté »; le magistrat du royaume dit : « Veut, outre, sa majesté, que toutes si- « multés et inimitiés cessent; admonestant les « officiers de ses cours souveraines, que baillifs, « sénéchaux et autres, d'administrer la justice « comme il appartient, en toute équité, sans « affection et passion, pour la décharge de sa « conscience ».

On retrouve là, les mesures de l'oubli recommandé, toutes recherches interdites.

Pour convaincre ceux qui tiennent le plus à l'opinion que les mots d'oubli, de recherche, peuvent aussi, d'après la circonstance où ils ont été publiés par la charte, être déclarés favorables aux régicides, je dois rapporter encore une décision. « *Abolition* : sous ce mot, sont comprises « toutes lettres d'amnisties que le roi octroie or- « dinairement par les édits de pacification, et « même en conséquence des réductions des villes, « et des pacifications des troubles derniers; le roi « Henri IV en a octroyé à ceux qui s'étaient « montrés contre lui et son prédécesseur, à la « vérification desquels la cour (le parlement) a « toujours excepté l'exécrable parricide du roi « Henri III, et les attentats contre la personne « du roi. »

Je ne pense pas que l'on puisse raisonnablement m'imputer à présomption, si je parais m'attacher à donner une explication à une loi dictée par le roi. Pour moi, tont ce qui émane de mon souverain est toujours précis. Cependant, s'il me le fallait, je représenterais que c'est pour détruire l'effet d'allégations pernicieuses trop légèrement avancées, que j'établis des argumens concluans, des preuves justificatives et démonstratives.

L'on a essayé d'amener un chacun à penser que les régicides pouvaient être réputés ne pas être plus criminels que ces forcenés qui ont parcouru la France, la torche des incendiaires dans une main, et le fer des assassins dans l'autre, ou qui assis sur le siége du magistrat qu'ils avaient égorgé, ont envoyé froidement les vertus à la mort. Pour réfuter de telles assertions, pour combattre d'aussi perfides paradoxes, il n'est pas besoin heureusement de s'environner de preuves écrites; la France entière s'est expliquée à ce sujet, et c'est en rappelant ici son *vote*, qu'il peut être permi sans doute, de s'écrier : *honneur à la nation française*, elle a su servir la loi.

En effet, Nantes a eu ses batteaux à soupape, appelés par la fureur, les autels des mariages civiques; Verdun a pleuré sur ses épouses, ses enfans égorgés; Bordeaux a vu ruisseler le sang; Lyon s'est écroulé sous les mitraillades; Marseille a pâli de terreur aux hurlemens de ses cannibales; la Vendée s'est renouvelée sous la faux de la dévastation ; Paris a gémi, Paris a tremblé, Paris a fui ; mais, le moment a dû venir, enfin, où ces cités, ces peuples ont prononcé, et l'oubli de tous leurs malheurs, et l'oubli de tous leurs maux ; et cependant, aujourd'hui encore, comme à l'époque de 1793, Nantes, Verdun, Bordeaux, Lyon, la Vendée, Marseille, Paris, d'accord avec la France entière, se sont prononcés contre les régicides, les villes les repoussent de leur sein, et leurs habitans qui rougissent de voir en eux des français, leur refusent le titre de concitoyens : par tous ils sont condamnés. *Vox Populi, vox Dei.*

On peut sans doute le croire. Oui, c'est parce que notre roi a été rassuré de ces marques d'indignation manifestées de toutes parts contre les sacrilèges, que, dans sa clémence royale, il a laissé à la justice divine le soin de la punition des régicides, des assassins de son frère, des meurtriers du Père de la patrie.

Etait-ce donc du sein de l'assemblée, disons du côté gauche de la chambre, que devait sortir la preuve que le souverain pouvait s'être abusé.

Assurément, nous ne sommes plus à l'époque de la convention, penser le contraire, serait se livrer à une erreur préjudiciable à soi-même ; mais qui pourrait certifier que ce moment de désastres, de trop douloureux souvenirs, soit eloigné de nous pour toujours, sinon pour ces faits, au moins pour ces principes destructifs. Ce serait faire preuve d'un esprit bien éclairé, bien habitué aux combinaisons de politique, que d'entreprendre de le démontrer... Passons à une autre objection.

QUATRIEME OBJECTION.

Persuadé que même en se prononçant contre les actions politiques des hommes d'état, occupant de grandes dignités, on ne doit pas dépasser les bornes de ce respect public qu'ils sont en droit d'exiger, de ce respect dû au caractère dont ils sont revêtus, je mets au rang d'un de mes premiers devoirs de déclarer que mon intention est senlement de démontrer que des fautes graves, aussi bien qu'étonnantes, ont été commises.

Sans doute, il ne m'appartient pas de prononcer le blâme, pour telle ou telle conduite tenue; je m'abstiendrai donc d'en qualifier aucune; sur ce point, je me borne, en rapportant des faits, à éveiller les pensées.

Les minisires du roi qui se sont tenus présens à la séance, où la question de non admission à la chambre, pour cause de régicide, a été traitée, ceux d'entre eux qui devaient prendre une part immédiate à cette question, et se sont abstenus, ont véritablement fourni des armes contre eux. On peut leur appliquer cette sentence. *Nescit civitatis sustinere decus, qui commodis regis, servire nescit.* « Celui-là ne sait pas défendre l'honneur de l'état, qui ne sait pas soutenir les droits du prince. »

Comment ont-ils pu consentir, ces ministres, que la question qui a motivé tant de débats, fut l'objet d'une délibération; leur devoir était de ne pas le souffrir. Le Roi avait pris sa résolution, le souverain s'était prononcé; la chambre n'avait plus le droit de s'en occuper. Voilà ce que l'on peut soutenir; c'est ce que je veux entreprendre de démontrer.

Je laisse à part la question de non admission pour cause de vice d'élection, question surabondante dans la circonstance en elle-même, elle était insignifiante, elle devait être considérée comme absolument nulle.

Pour mettre le lecteur plus à même de juger à quel point peuvent être réputés fondés les raisonnemens qui vont être établis, je considère comme étant essentiellement nécessaire, de rapporter ici textuellement l'article Ier de la loi du 8 mai 1814, loi qui sert encore de base aux réglemens de la chambre des représentans :

Art. Ier. « La convocation des deux chambres « est faite par une proclamation qui fixe le jour « de l'ouverture de la session.

« Tous les députés sont tenus de s'y rendre;
« Les pairs sont convoqués par des lettres

« closes du roi, contresignées par le chancelier « de France.

« Les députés des départemens sont convo« qués par des lettres closes du roi, adressées « à chacun des députés, et contre-signées par « le ministre de l'intérieur.

A ces dispositions, et pour en lier en quelque sorte l'ensemble, il faut y joindre l'article 31 de la charte.

« Les princes ne peuvent prendre séance à « la chambre, que de l'ordre du roi, exprimé « pour chaque session par un message, à peine « de nullité de tout ce qui aurait été fait en leur « présence. »

Dans cette disposition, sont compris, et les princes de la famille royale et les princes du sang, ce qui est exprimé par l'article précédent.

Ces volontés législatives sont claires et positives, elles sont intentionnelles sans doute, ainsi que toutes lois; mais leur sens intentionnel ne doit être réputé combinaison, d'arrière, de secrette pensée; car le législateur ne peut être mu par les mêmes motifs que le diplomate.

Les dispositions qui y sont énoncées, ne peuvent être déclarées mesures adoptées ou déterminées par suite d'une circonstance particulière; car, les circonstances naissent, changent, se modifient ou s'annulent; mais la loi porte le caractère de choses stables.

J'ai dit que les membres de la chambre des représentans, n'avaient pas le droit de s'occuper de l'admission d'un député, réputé régicide, j'entends autant que ce droit émane d'une loi; car, ni dans la charte, ni dans la loi des élections, ni dans celle du réglement de la chambre, cette faculté n'est consignée par aucune loi, elle ne leur est accordée.

Il faut ici faire remarquer, que par l'article 46 de la charte, il est explicitement prononcé: *aucun amendement ne peut être fait à une loi, s'il n'a été proposé ou consenti par le roi.*

Laissons à part le vice des formes, qui donnant moyen de censure contre l'élection, n'a qu'un effet indirect contre l'élu, dont la non admission est prononcée; car sa situation politique peut changer si le vice est réparé.

La mesure pour l'admission ou la non admission de tous les Français élus députés, est énoncée par l'article premier de la loi du 8 mai 1814.

Les Députés des départemens sont convoqués par lettres closes du roi.

Qu'entend-on par lettres closes? Suivons l'exposé de l'auteur qui en donne la définition? *Lettres closes sont missives en papier déeschées* (écrites sans formule) *par les secrétaires, et son signées de la propre main du roi, ou de son cachet.*

Le cachet du roi, apposé, donne aux articles

énoncés dans la lettre close, le titre de chose ordonnée ; c'est d'après ce principe qu'ont acquis force d'ordre les lettres de cachet.

Les ordres ne sont positifs que pour les personnes auxquelles ils sont adressés, et tous ceux qui n'ont pas reçu un ordre, même donné sous forme collective, n'ont pas le droit de s'ingérer de ce qu'il prescrit, de même qu'ils ne sont pas passibles des résultats.

Les Députés sont convoqués par lettres closes, voilà l'expression de la loi ; quel peut en être l'esprit ?

Que tout député qui ne reçoit pas une lettre close, ne peut, aussi long-temps qu'il ne l'a reçue, prendre place à la chambre, ni coopérer à la session.

Ne pas admettre cette décision, la considérer comme un résultat de pure opinion, serait se montrer disposé à s'égarer ; ce serait paraître penser qu'une lettre close peut être considérée comme simple invitation à laquelle il est permis d'adhérer, ou que l'on peut envisager comme non nécessaire de recevoir pour devenir idoine à la législature; cette idée serait à la fois offensante pour la majesté royale et contraire à la prérogative des députés.

Mais s'il est possible qu'une incertitude sur ce sujet agite quelques esprits, il suffira sans doute, pour annuler les effets de cette incertitude, d'engager à se pénétrer de l'article 31 de la charte.

Eh quoi ! les princes de la famille royale, ceux du sang, qui, par leur rang dans l'état, par leurs prérogatives déterminées d'après les lois du royaume, par leur droit d'héritiers au trône, sont les conseils nés, et du gouvernement, et des intérêts de cette couronne, dont le roi est le haut administrateur ; ces princes ne peuvent prendre séance à la chambre des pairs, dont ils sont membres non impétrans, que de l'ordre du roi, exprimé par un message; et il serait possible qu'un député qui n'aurait pas reçu de lettre close, nonobstant cette exception énonciative, fût admis à prendre rang parmi les représentans!

Hélas! on a pu le penser ; nos législateurs ont pu considérer cette question comme non décidée ; des sujets du roi ont pu manifester des doutes ; des députés qui sont confimés dans l'honorable de leur mission , par l'envoi de lettres closes, n'ont pas senti par quel motif le souverain s'était décidé à adopter cette disposisition ; des ministres du roi, dans cette occurrence, où tout leur prescrivait si impérieusement de faire leur devoir, ne se sont montrés ni les soutiens du trône, ni les défenseurs de la loi : les uns ont gardé le silence, les autres n'ont su que se faire reconnaître faibles par leurs discours.

Objets dont l'effet est de parler sans cesse à nos pensées; marbres *des l'Hopital, des Sully, des Colbert, des d'Aguesseau*, vous qui décorez les approches du temple, pourquoi n'avez-vous pu alors, pénétrer dans son enceinte! oh mon pays!!!

On aurait tort de penser que cette disposition législa ive adoptée par le Roi, la condition prescrite de la réception de la lettre close, pour déterminer l'admission d'un député à la chambre peut être réputée un nouveau système introduit dans notre forme actuelle de gouvernement; ces mêmes dispositions se retrouvent dans les plus anciennes lois de l'état, toujours nos rois ont eu, ont conservé le droit de prononcer sur l'admission des désignés par voie d'élection; depuis le berceau de la monarchie jusqu'à ces derniers temps, on retrouve à différentes époques, des preuves de cette prérogative royale.

Le Père de la patrie, impassible dans toutes ses décisions, autant que les lois divines et humaines qui consacrent son pouvoir, sont immuables, ne peut jamais prendre une résolution que dans l'intérêt de tous; il ne peut, en se prononçant à l'égard d'un particulier, vouloir porter atteinte, ou préjudice, au bien public.

Je ne m'attacherai pas à démontrer par des citations que lors des premiers synodes nationaux à cette époque où nos lois civiles et municipales étaient présentées, et rédigées par le clergé, nos Rois ont usé de ce pouvoir, en prononçant l'éloignement de ces assemblées contre des membres qui pour des raisons d'état, ou d'intérêt public, étaient jugés ne devoir pas prendre part aux délibérations.

Pour convaincre, aujourd'hui, il est plus nécessaire d'offrir une série d'idées nouvelles, que de chercher à ramener aux préceptes anciens; mon intention cependant est de chercher à persuader par l'exposé même de ce qui a rapport au sujet; j'espère d'y parvenir, en rapportant des exemples plus raprochés de notre temps.

L'auteur qui a écrit sur *les grands jours*; les définit ainsi, *assemblée de gens fameux en droit réunis pour délibérer sur les affaires de l'état*, il ajoute, par le mot, *fameux*, faut entendre *habile en droit et d'intègre vie*.

Un autre auteur prononce, *un sujet digne* élu par le plus petit nombre, a le droit, si le plus grand nombre a élu *un indigne*.

L'élection ne donne point à l'élu *jus in re*, mais *jus ad rem*, il ne devient titulaire ou membre que par confirmation, *le Roi prononce sur le sujet présenté*.

Il faut remarquer que nos lois ecclésiastiques

pour la collation des grands bénéfices, se trouvent être d'accord avec nos lois civiles, et qu'elles portent même avoir tiré d'elles le principe.

Les ordonnances de nos rois, à ne dater même que de Philippe-le-Bel et ses successeurs, prononcent des amendes, et, en certains cas, des peines, contre les électeurs qui auront fait choix d'*indignes*, soit pour les cours souveraines, soit pour d'autres fonctions.

La ligue, par l'article 3 de son acte d'union, a reconnu ces ordonnances; elle en fit une disposition précise, pour la convocation des états-généraux, dont elle avait résolu la réunion.

Mayenne, admis au titre de lieutenant-général du royaume, en devait maintenir l'exécution.

Le chancelier de France, en ce qu'il est reconnu, désigné, *thesaurus famæ publicæ, et armarium legum*, avait droit de provoquer contre un indigne. Ce passage le démontre clairement: *Hic est qui regum leges cancellat iniquas, et mandata pii principis æqua facit, si quid obest populo, vel legibus est inimicum quiequid obest, per eum desinit esse nocens..*

D'après la loi qui était encore en vigueur au moment où celle du 8 mai a été promulguée, les élus désignés pour le corps législatif n'en devenaient pas membres de droit, et la faculté du choix ou du refus était déférée au sénat.

Comment donc a-t-il pu se faire que la disposition de convocation par lettres closes, dont le motif est indiqué par tant de lois, ait été, dans cette circonstance, méconnu, et que le grand nombre des membres de la chambre se soit montré penser que ne pas la recevoir, privait seulement d'un titre suffisant pour assister à la séance royale, tandis qne l'exception devient un empêchement dirimant, aussi long-temps qu'elle n'est pas révoquée.

Les députés nommés par les électeurs d'un département, deviennent, par le fait de leur seule admission à la chambre, les représentans de tous les départemens de la France; il est donc bien naturel, et constitutionellement bien essentiel, qu'une autorité suprême et préservative puisse, par un moyen d'empêchement légal, déjouer des projets, ou réparer le tort qui pourrait être fait aux intérêts de la république, par la perversité, se jouant de la facilité de l'ignorance, ou de l'indifférence de quelques électeurs.

Assurément, si le roi s'est réservé ce moyen, ce ne peut être que pour en exercer le pouvoir dans l'intérêt général, par sa dignité suprême; il est relativement à ses droits ou prérogatives, au-dessus des essais, comme à l'abri des attaques; puisque aucune délibération ne peut être convertie en chose adoptée ou consentie légalement, que du mouvement de sa volonté.

Ce serait prêter au monarque des Français des idées bien personnelles de se persuader que des vues du moment, ou dont l'effet devrait se borner à un terme éloigné au plus de quelques années, auraient pu déterminer sa résolution.

Tout en n'admettant pas positivement que l'exception des lettres closes peut être considérée suffisante pour fermer l'entrée de la chambre des représentans à des députés seulement élus, on a mis cependant les régicides dans la cause relative à ce fait, par une délibération qui paraît avoir eu trait à leur admission présumée possible; mais que l'on réfléchisse donc que ces hommes qui ont appris à la mort à activer l'action de sa faux, doivent d'ici à peu d'années encore être tous disparus de la liste des humains, et que la loi est dictée pour être durable : qu'ainsi, elle se prononce par d'autres motifs et pour des raisons qui peuvent être réputées d'intérêt général, et non trop promptement transitoires.

Toutes les nations civilisées ont adopté le même principe de gouvernement. Ce principe est l'empire de la loi, par suite il n'existe qu'un pouvoir véritable, c'est le pouvoir législatif. Tout ce qui ne peut être conforme aux vouloirs de la loi, est un acte de la force ou une action d'autorité;

mais jamais il ne peut être réputé un droit du pouvoir.

Il est de l'essence du pouvoir législatif d'acquérir la faculté de se modifier suivant les circonstances : prend-il le caractère de pouvoir exécutif, ce n'est de fait alors que la loi qui imprime son action ; se rend-il pouvoir administratif, ce n'est au fond que la loi qui adopte une forme nécessaire à son maintien.

En considérant moralement les choses, on est amené à reconnaître que le chef d'un état n'est et ne peut réellement être que la loi vivante. En France, comme dans tout état monarchique, le monarque est à tel point l'image de la loi, que son pouvoir souverain est fondé sur ces deux axiomes inséparables : *La loi veut le roi, le roi veut la loi.*

Ne serait-on pas autorisé à demander, sur quoi et pourquoi, on a en France établi ce paradoxe, que pour former une loi, il faut le concours des trois pouvoirs ; mais quels sont ces trois pouvoirs qui concourent à la même opération, lorsque par les résultats, on ne peut reconnaître que le sentiment du seul pouvoir législatif.

Ne serait-il pas plus exact, et pour l'expression, et pour la pensée, de dire, le roi est l'ame d'un pouvoir dont la chambre des pairs est la portion intégrante, la chambre des députés le système organique.

Cette définition présente un sens d'autant plus complet, que par les lois du royaume, et par celles encore plus récemment données et consenties, le roi est seul le gardien de la loi, que seul il en demeure le défenseur, on peut même ajouter le protecteur.

Les états-généraux, dont la convocation appartenait autrefois au souverain, comme lui appartient aujourd'hui celle des chambres, ne se sont jamais considérés être un pouvoir; jamais ils n'ont accepté que le titre de grand conseil et du roi et de l'état.

Nos assemblées dites nationales, nos corps législatifs, nos chambres, ne sont, à juger sainement, et par le fait, que ce qu'étaient nos états-généraux; si elles en diffèrent, c'est pour avoir fait perdre, en moins de trente ans, plus de droits au peuple français, qu'il n'en fut jamais enlevé par nos rois, même aux provinces dont dont ils firent la conquête.

Que l'on ne confonde pas ce qui était abus, avec ce qui pouvait être réputé de droit. Le présent nous prouve, que, dans tous les temps, l'arbitraire a pu se mêler de l'action, en empruntant différentes formes.

Sans prévention, on peut admettre qu'il serait impossible à nos publicistes modernes de contester ces assertions. Sans chercher à prouver ce qui s'y trouve avancé, sans revenir sur des faits qui se rattachent aux funestes époques de notre révolution, je fais remarquer qu'il demeure démontré par l'histoire de ce qui s'est passé dans ces dernières années, que de fausses interprétations ont été données à la loi, que déja on a été au-delà des facultés législatives.

La résolution prise par la chambre après la discussion élevée au sujet de l'admission ou le rejet du quatrième député du département de l'Isère, peut être réputée excessive : car il paraît qu'elle a prononcé sur une question générale, et on ne voit pas que, jusqu'à ce jour, elle ait donné communication de cette résolution ou de son projet de loi, ni au roi, ni à la chambre des pairs.

A la vérité, il peut se faire qu'elle soit encore dans l'intention de se conformer aux articles 19 et 46 de la charte ; mais on peut croire aussi, qu'elle a jugé que ce n'est pas pour elle un devoir indispensable de se conformer à l'article 22.

Pour terminer et démontrer l'illégal de ce qui a été dit et arrêté dans la séance du 6 décembre, je pose la question suivante :

Lors des élections prochaines, j'admets qu'un département nomme pour député un régicide, que, cette fois, toutes les conditions de formes aient été remplies pour décider sur son admission, ne sera-t-il pas nécessaire qu'une nouvelle discussion soit entamée? surtout lorsque l'événement démontre que la chambre ne fait cas de la mesure des lettres closes.

Plusieurs personnes pensent que, d'après la manière dont la question du crime a été traitée, la France est encore exposée à voir des régicides s'avancer sur la scène politique, d'autres personnes qui se disent bien instruites, et assurées que les billets qui ont donné lieu à la majorité des voix obtenues lors des opérations du collége électoral de l'Isère, ont été envoyés de Paris aux bons habitans des montagnes du Dauphiné, sont disposées à croire que le cas se représentera de nouveau.

Des gens sages paraissent le craindre, et moi, (je le dis hautement) j'en ai peur; car, pour moi, il est constant, d'après ce que j'ai vu, d'après ce que je sais, ce que j'ai été à même d'apprendre, d'après les différentes positions où je me suis trouvé, qu'il existe en France et des factieux et des séditieux; que ces séditieux, que ces factieux sont en assez grand nombre, que la plupart sont d'autant plus dangereux, que volontairement ils se sont rendus les instrumens aveugles de projets atroces, formés depuis des siècles.

Le chancelier de l'Hôpital qui avait fleur de lis dans le cœur, voulut les signaler à l'attention des successeurs du roi qu'il avait servi, lorsque, retiré des affaires et ne pouvant y donner ordre, il déchargea sa douleur par ces vers, que je propose à la méditation de tous les bons Français :

Pro patriâ pugnent, pugnæ quibus utilis ætas
Hanc fero nutanti quam queo gratus opem,
Sin furiis accensa suis minus illa docentem
Audiat, et præceps in sua fata ruat
Et sim, quod nollem, patriæ, sociisque superstes,
Inscribam stratis sanguine corporibus
Hic jacet, à nullis potuit quæ Francia *vinci,*
Ipsa sui victrix, ipsa sui tumulus.

FIN.

www.ingramcontent.com/pod-product-compliance
Ingram Content Group UK Ltd.
Pitfield, Milton Keynes, MK11 3LW, UK
UKHW021132230726
13926UKWH00002B/757

9 782014 113815